닭발

지혜사랑 314

닭발

성재봉 시집

시인의 말

멀리 돌아서 본향 어귀에 이르렀다.

꺼지지 않은 희끄무레한 편린들을 모으고
지금의 마음과 내일의 생각들을 이어 붙여
겨우 조각보 하나 기워놓았다.

이제야 작은 숨통이 트이는 듯하다.

묵묵히 재생을 지켜봐 준 영혼의 별들에게
감사의 마음을 전한다.
끝까지 함께 빛나고 싶다.

2025년 여름
성재봉

차례

시인의 말 — 5

1부
작은 섬

한 토막의 바람을 갈고 쪼고 닦다 — 12
칼국수 — 13
불맛 — 14
맘보의 추억 — 16
친구가 사라졌다 — 17
이별의 온도 — 19
섬, 멍들다 — 20
엄마의 눈물 — 22
닭발 — 23
기도 — 24
사과 — 25
목련나무가 서 있는 마당 — 26
그늘에 눕다 — 27
아픈 꽃과 나비 — 29
웬걸 — 30
새봄 — 31

2부
말의 조각보

남쪽, 음악당이 있는 도시	34
댁에 매화가 구름같이 피었더군요	36
탄력의 한 가운데에서	37
율동의 시초	38
바람에게	39
최고의 여행	40
환대	41
첫사랑	42
오이도행 김밥 열차	43
나란히	44
가나 혼인잔치의 승소僧笑	45
수련	46
신시의 아침	47
프리즘	48
모감주나무	49

3부
경외의 파편들

마이너리티 — 52

서서 아침 — 54

K의 봄 — 55

옥수수를 먹어야 하는 이유 — 57

조응照應 — 58

배롱배롱배롱나무 — 59

초가을 밤에 — 60

플루트 — 61

고양이의 눈을 바라보며 — 애묘 도도에게 — 62

연휴의 끝 밤 — 63

시간의 무게는 순백일까 — 64

스님이 된 그녀 — 65

수평선 — 66

크리스마스에 못을 박다 — 67

4부
낮달은 흔들리고

이방인 —————————————— 70

사월死月의 밤 ————————— 71

노시인의 살생 사건 ——————— 72

새벽이 오는 순간 ———————— 73

늙은 거리에서 낮달은 흔들리고 —— 74

호접몽 ————————————— 75

바라본다는 것 —————————— 76

남해를 보다 ——————————— 77

무량사 ————————————— 78

구절초 ————————————— 79

추마곡秋磨谷 —————————— 80

11월 —————————————— 81

한 남자의 숲 —————————— 82

감기약 ————————————— 83

낙화 —————————————— 85

해설 • 가난의 감각으로 여는 봄날의 언어 —— 87
— 성재봉의 시 • 오홍진

- **일러두기**

  페이지의 첫줄이 연과 연 사이의 띄어쓰기 줄에 해당할 경우 >로 표시합니다.

1부
작은 섬

한 토막의 바람을 갈고 쪼고 닦다

옥 발톱 금 눈의
푸른 매가
바람을 낚아챈다

바람결을 토막내고
찢어진 바람을
갈고 쪼고 닦으며
높이 솟아오른다

푸른 매가
새파랗게 얼어붙은
창공의 밑바닥을
뚫어내는 순간

깨어지지 않던
나의 절망은
눈부시게 파멸하였다

칼국수

소나기가 세차게 내리는 날에는
그녀의 칼솜씨가 그립다
무섭게 쏟아지는 4만 9천 발의 물줄기를
오동나무 도마 위에 가지런히 놓고 제압해 버리는 금손

자비없는 수직낙하
빗줄기의 공격이 그치자 그녀는 들마루에 앉아
오동 나뭇잎을 갈겼던 소나기의 변주를 복기하며
화려한 솜씨로 도마를 때리는 칼 연주를 시작했다

토막 난 물줄기들은 양은 냄비에 갇혔고
아래로부터는 화마가 피어올랐다
감히 뚜껑을 열어 볼 엄두가 나진 않았지만
노을이 부글부글 끓고 익어가는 소리를
분명히 들을 수 있었다

소나기가 내리는 날에는
칼로 물을 어렵지 않게 척척 베어 요리하던
그녀가 그리워진다

불맛

(인간은 불을 소유한 자들에게 지배당하였다)

지난밤 전투는 자작나무를 붉게 물들였다
요동 땅을 밟은 대왕은 희푸른 눈雪에 무뎌진 칼을 갈았다
차가운 명왕성의 불기운을 불러와 언 빗돌에 화火자를 새겨 넣었다
자작나무의 불은 꺼지지 않고 계속 타올랐다

병자년의 난은 끝이 났다
인자한 왕은 오랑캐 수장에게 세 번 절하고 아홉 번 예를 바쳤다
남한산성의 도야지들은 배고픈 십자가에 매달려 화형을 당하였다
노을은 무너지고 한강의 얼음이 풀렸다

(지금도 불의 지배는 계속되고 있다)

청파동 골목 끝 적산가옥을 개조한 오성반점
언제 갈아입었는지도 모르는 낡은 작업복
날아간 단추로 부풀어 오른 배꼽 냄새가 춘장 대신 눈인사를 건넵니다

>

 그냥 뭐 대충 손목 스냅으로 휙휙, 별거 없어요 문제는 화력이거든 쫙쫙 갈라진 거북손으로 불을 지핍니다
 장팔사모를 들어 올린 기운으로 거대한 웍은 달궈집니다
 숭덩숭덩 썰어 놓은 야채들 달달 볶아진 웍은 검은 화장더, 벌겋게 타올라 천국으로 인도하리라

 줄지어 서 있는 군중의 무리, 들라크루아의 '민중을 이끄는 자유의 여신'에 나오는 소년의 표정이군요

 잘게 잘려 나간 도야지의 붉은 살점, 바다를 썰어 담은 오징어의 검은 눈물, 배멀미로 탄력을 잃은 등 굽은 새우, 필리핀에 두고 온 근육을 찾아 밀항을 꿈꾸는 목이 긴 닭의 가벼움까지……

 발골한 돼지 뼛국물이 투하되고 멕시코에서 공수해 온 하바네로의 타는 듯한 목마름에 더하여 이마를 스쳐 볼테기를 타고 떨어지는 육수 두어 방울이면 불맛이 완성됩니다

맘보의 추억

엄마는 그를 맘보라 불렀다
아버지와 어린 나조차도 맘보라 부르고 싶었다
이유를 알고 싶은 마음은 봄바람처럼 가볍게 무시하였다
별들도 얼어 떨어지던 겨울밤이 지나가고
봄비가 별들을 녹이던 날을 기억한다

하얀 고봉밥이 축담 위에 차려져 나왔다
동상으로 검게 탄 맘보의 얼굴
시퍼렇게 언 입으로 고봉밥을 무자비하게 빨아들였다
선한 마음을 채운 착한 미소는 계절을 가두었고
싹싹 비워진 밥그릇처럼 그는 홀연히 사라졌다

세월이 한참 지나고 맘보라는 발음이 어색해질 무렵
나는 맘보의 뜻이 마음보라는 사실을 알게 되었다

뿌리째 뽑혔다가 기적처럼 되살아난
동네 어귀 이팝나무가 처음으로 고봉밥처럼
하얀 꽃을 피웠던 봄날이었다

친구가 사라졌다

  아이들은 친구를 원했다
  나와 다른, 내 말을 잘 들을, 귀엽기까지 한, 착한 친구

  그래서 아이들은 십시일반 돈을 모아 흰토끼 한 마리를 샀다

  산골 학교는 분주했다
  고사리 같은 손으로 앞들과 뒷산을 돌며 행운의 풀을 뜯었고, 가끔 집에서 찬거리로 남겨둔 배춧잎을 건네주기도 했다

  발씬발씬거리는 입 모양을 따라 하며 자연 도감에 나오는 거북이를 하대했다
  사랑은 닮는 거라고, 어디서 봤을 법한 드라마 대사를 주문처럼 읊조렸다

  토·끼·가… 토끼가 사라졌다
  토끼 꼬리만큼 짧았던 여름방학이 끝날 무렵이었다

  오랜 전투로 청력을 잃었던 선생님의 호크아이* 보청기는 귀에서 사라졌고, 젊은 여배우들에게 유행한다는 토끼 이빨의 앞니가 길게 자라나고 있었다

눈은 알비노처럼 멜라닌 세포를 합성하지 못했고, 선생님은 비린내 나는 하얀 봉분처럼 꺼지지 않는 배를 어루만지고 있었다

친구는 존재하지 않았다

*「마블」시리즈의 영웅으로 귀가 어두워 보청기를 사용

이별의 온도

만남의 설렘이 쌓일수록
이별의 공명은 깊어만 갔어
실개천을 따라 흐르던 대숲 길
그 사이의 우리

송사리가 빠져나간 투명한 손바닥 사이로
댓잎 배 한 척 유영하듯 사라지고
미끄러지듯 흘러내리던 살내음
기억의 혈관을 따라 맴도는 상념

이별의 온도를 낮출 수 있을 때까지
난 겨울이 되고 말았지

섬, 멍들다

아팠다
정맥주사를 잘못 맞은 탓에 멍이 시퍼렇게 들었다
미숙한 간호사를 탓했어야 했다

파랑이 새뜻해서 좋았다
하지만 시퍼렇다는 것은 아프다는 것
검정과 섞이는 세상들은 모두 암울하다
먹구름이 훑고 간 하늘과 바다는 진저리나게 아파서
저렇게 평생 멍든 채 살아가는 것이리라

작은 섬

아이들만의 세계, 그들만의 섬이 있었다
형은 동생을 동생은 형을 무척 좋아했다
좋아한다는 건 잘못된 것을 고쳐주는 것
가끔 이성은 이유를 삼켰고 생각은 행동을 부추겼다

발골된 등뼈에 갈라진 갈비뼈에 거친 주먹이 내려쳐진다
저항도 꿈틀거림도 가라앉은 섬의 심연
동생은 맞으면서 소리 없이 울었고
형은 때리면서 소리 지르며 울었다

>
하얀 배꽃이 시든 자리에 시퍼런 햇배가 숨죽여 매달려 있었다
시푸르딩딩한 봄이 시작되는 어느 날이었다

정맥주사가 놓인 그 자리에 섬이 하나 생겼다

엄마의 눈물

아기가 눈 속의 티끌베기로 눈물 흘릴 때
엄마는 보드라운 혀로 씻어 주었습니다
아기의 눈은 맑고 깨끗해졌습니다

소년의 철없는 복숭아 서리가 들통났을 때
엄마는 주인 앞에서 꾸짖는 대신
집에 돌아와 포근히 안아 주었습니다
소년의 마음은 선해졌습니다

청년이 거친 세상에서 아파할 때
엄마는 별것 아니니 힘내라고 웃어주었습니다
청년의 심장과 머리는 튼튼하고 강해졌습니다

불혹을 훌쩍 지나 엄마를 찾은 어느 날
엄마는 아들을 만나니 갑자기 눈물이 난다고 합니다
엄마의 숨겨진 눈물을 이제야 보았습니다

닭발

기울어진 가세는 삶의 터전을
읍내에서 낙동강 칠백 리
제일 끝자락으로 내몰았다

빨간색 완행버스를 두 번 갈아타고
삼십 리 비포장길을 달려야 했던
중학교 시절

낡은 차부車部에서의 야윈 닭발 튀김은
단돈 오십 원으로 허기를 달랠 수 있는
마른버짐 가득한 아이의 탐미였다

마지막 발톱을 삼킬 즈음
늙은 소 같은 중고 오토바이를 타고 온
아버지와 마주쳤다

집으로 돌아오는 길
오토바이만 짖어댈 뿐
부자는 아무런 말이 없었다

닭발은 못이 되어 아버지의 가슴에 박혔고
가난한 들판의 사랑은 노을로 붉게 그을리고 있었다

기도

나는
당신이 심어놓은 늙은 버드나무
그 끝에 매달린 잎사귀입니다

웃는 아기의 눈썹처럼
까슬한 돌기를 걷어낸 고양이의 혓바닥처럼
나의 새순은 온유합니다

비단 안개 드리운 아침이 독백을 시작하고
물컹한 강 비린내가 내 몸을 감쌀 때면
온몸에 기운을 빼고 널부러져 봅니다

폭풍이 뿌리를 흔들고 지나간 저녁
산 밑으로 꼭꼭 숨어버린 노을의 퇴로를
하냥 바라보기도 합니다

하늘이시여
계절로 말라가는 잎사귀가
저 강물처럼 흐르게 하소서

나는
당신이 심어놓은 늙은 버드나무
그 끝에 매달린 가녀린 물결입니다

사과

노을이 유난히 붉게 떨어지던 그날
마을 어귀에 사과 난전이 펼쳐졌다

몸빼 차림의 순영이 엄마
새끼 소를 높은 값에 팔고 돌아오는 종관이 아버지
면사무소에서 먹물 더미를 한 바가지 쉬고 온 마을 이장님
모두 노을빛 사과를 한 아름 안고 집으로 향했다
집집마다 빨간 향의 아삭한 말들로 새콤달콤한 과즙이 톡톡 터져 나왔다

이장댁 밭일을 마치고 바쁜 걸음으로 도착한 그녀
꼬깃한 지폐를 만지작거리며 사과가 맛없어 보인다고
잔가시 가득한 손으로 시큼한 된장국을 차려내었다

누군가 깎아놓은 사과껍질 마냥 길고 길었던 그 밤을 잊지 못한다
새콤달콤 터진 과즙이 그녀의 눈물과 섞여 비로 쏟아졌다

다음 날
비에 젖은 꽃잎이 아침 햇살을 품은 채 견디고 있는 것을 보고 말았다

목련나무가 서 있는 마당

"어제는 목련꽃이 만개했는데
오늘은 땅에 떨어진 꽃잎이 더 많다
예쁘제"

봄이 먼저 도착한 남쪽에서
꽃 사진과 함께 날아온 메시지
어김없이 올해도 지나쳐버린
목련꽃이 피면 내려가겠다던
가벼운 다짐, 시들어 버린 기대

낡은 기억의 무게를 견디며
꺾이지 않는 심장을 태운 꽃 몽우리
기대만큼 녹슬어버린 낡은 대문은 늘 열린 채
마당 가득 떨어진 흰 별들이 마음을 채우겠지

섣부른 다짐이 허무로 시들어버린
어느 봄밤

그 하룻밤 사이에
큰일들이 숙덕숙덕 일어나고 있었다

그늘에 눕다

그늘에 그늘을 얹으면 무거워질까요
그늘에 그늘을 겹치면 깊어질까요

집 앞에는 소랑강이라 불리는 조용한 지천이 흐르고 있습니다
늙은 잉어도 오래전 죽은 듯이 숨 쉬는 적막한 곳이지요
강둑에는 할아버지의 할아버지가 섣달 그믐밤에 몰래 심었다는 버드나무 한 그루가 서 있고, 그 아래로 수만 겹의 그늘들이 켜켜이 쌓여가고 있습니다

나는 오늘 잉어처럼 그늘에 누워 잠을 청해봅니다
할아버지가 흘려버린 마지막 마른기침을 주워 담아내고, 할머니가 몰래 사랑했던 도둑 고양이의 첫울음도 흉내 내어보고, 바다에 닿을듯한 강물의 비린내로 호흡해보기도 합니다
그리고 그늘 깊숙이 하얀 손을 뻗쳐 꺼지지 않은 달무리의 희끄무레하고 미적지근한 가루들을 엄지와 검지로 비벼보고 손바닥으로 불러와 움켜쥐어 보기도 합니다

손등에는 오래된 그늘과 근자의 그늘이 칸칸이 쌓여가고 그늘의 무게는 한없이 깊어지고 기어이 서늘한 그늘이 마음 한가득 퍼져 내립니다

>

내가 어제 믿었고 내일 의지해야 할 무거운 깊이가 나를 가두고 있습니다

아픈 꽃과 나비

당신 손은 세상에서 제일 예쁜 꽃입니다
그 고운 손을 처음 잡던 날
나는 향기에 홀린 나비가 되었답니다

당신이 시들어 버릴까 차마 향기를 잃어버릴까
애오라지 당신 여린 꽃잎만을 부여잡고
무거운 날갯짓만 씀벅씀벅 해대었습니다

불어오는 서풍에 의초롭던 노을마저 슬퍼하던 어느 날
 당신은 홀연히 찾아온 건초염으로 꽃가지가 아프다는 고백을 하였습니다
 이제야 알았습니다
 내 서툰 날갯짓의 근원이 당신의 아픔이었고
 당신은 온 힘을 다해 내 손을 꼭 잡고 살아왔다는 사실을

빨리 나아 줄래요
 이제는 내가 당신 손을 꼭 잡고 나풀나풀 날아서
 저 외딴섬 가장 외로운 별에게 당신의 향기를 전하겠습니다
 당신 손은 세상에서 제일 향기로운 꽃입니다

웬걸

나만
힘든 줄 알았지, 웬걸

나만
미워하는 줄 알았지, 웬걸

나만, 나만
불행한 줄 알았어, 웬걸

내 꿈만
시시하고 하찮은 줄 알았어

웬걸
나는 아름다운 미지수였네

새봄

새끼 고양이가 어미의 젖을 처음 문 순간
개구리알이 연못의 잔물결에 놀라 올챙이로 변한 순간
구근이 숨겨둔 붉은 발톱을 살짝 치켜든 순간
웅크린 나뭇잎에 연둣빛 이슬이 떨어진 순간

옹알옹알하던 봄이 볼록볼록 피어나고 있었다

2부
말의 조각보

남쪽, 음악당이 있는 도시

그의 낡은 차는 벗겨진 선텐을 입고 남쪽 바다로 향했다

  동지를 겨우 지났을까
라플란드의 혹한이 세상을 가볍게 어루만지고 있었다

  점을 13개나 빼고 왔다는 그의 흰 얼굴에 붙은 반창고는 1월의 오로라처럼 잠시 반짝이다 눈을 감았다

  모차르트의 작은별 변주곡 2번, 도로
경쾌한 재잘거림은 작은 도시 잘츠부르크를 떠올렸고, 바다가 있는 도시 음악당의 후원회원이 되고 싶다던 그의 쭈뼛한 머리칼은 미라벨 정원의 노란 튤립처럼 따뜻했다

  쓴 약초를 달여 만든 산을 가르는 국경의 긴 터널
흩날리던 눈은 바람이 되고 약초 향을 머금은 비가 내렸다

  남쪽, 바다가 있는 도시
사랑의 끝이 궁금했던 우리는 해변을 낀 오래된 성지의 젖은 동백꽃 시든 몽우리를 어루만졌다

  그는 죽음이 두렵다고 말했고 나는 살아야 할 이유를 잠시 생각했다

〉
우리는 음악당에 가지 않았다

댁에 매화가 구름같이 피었더군요*

영혼이 얼었던 눈망울을 터트려
결국 눈을 떴다는 소식을 전해 듣고 찾아왔습니다
늙고 검은 몸뚱이에 스미는 재릿재릿한 속울음을
도저히 견딜 수 없었다지요

오늘은 지난 겨우내 팔지 않았던 암향暗香조차
막걸리 한 되 값에 파신다구요
다문다문 떠다니는 향을 마른 술잔에 심어 보겠습니다
꽃을 피우겠지요 술잔에 향기가 만개하겠지요

바흐의 샤콘느가 들려와요
새뜻새뜻한 햇살이 별빛처럼 쏟아집니다
박사薄紗 꽃잎에 앉아 아지랑이 꽃술을 잡고
함께 춤추어요

매형梅兄
지금은 오구작작 떠들어도 혼나지 않는 시간입니다
오늘 밤 월향月香이 어디로 찾아올지 알지만
알고 싶지 않은 순간입니다

* 김용준 「근원수필」의 「매화」에서 차용

탄력의 한 가운데에서

얼었던 탄력들의 점프
봄은 Spring, Spring은 봄

노란 철삿줄 뭉텅이의 개나리 가지들이
새볕의 빈 공간을 탄탄히 찌르고 있다
따뜻함을 지닌 예리한 액팅

솟구치는 땅속 마그마에 젖어
빨갛게 물먹은 개복숭의 꽃망울
산책 나온 개들의 환호에 웃음이 터지고 만다

갯버들 가지 끝에 살짝 내민 연두 장화를 신은 발톱
참새떼와의 자리싸움에 지구가 움찔움찔
깜짝 놀란 호수의 파동이 선물할 반지를 준비한다

겨울잠에서 깬 곰의 털 뭉치 손바닥엔
미세혈관들이 용수철처럼 튀어 오르고
숨죽여 고행하던 땅속의 솜털이 재릿재릿 솟아오른다

Spring은 Spring이다

율동의 시초

꽃은 지면서 젖은 향을 내리고

아지랑이는 피면서 마른 향을 올리고

그 사이 홀로 균형을 찾으려는

취한 나비의 아질아질한 몸부림

바람에게

아버지의 시든 검버섯과 마른 기침
오랜 불면의 밤과 오만가지 생각이 바람 속에 담겨 있다

바람이여
왜 내게로 오시나요?

바람은 말없이
꽃에게 나비 한 마리를 날려 보냈다*

* 니코스 카잔차키스 「편도나무에게」를 변용

최고의 여행

내 아름다운 학사모는
노을조차 가난하여
별과 달마저 울고 간 고향의 밤하늘이다

내 무거운 학사모는
밤새 산통을 견딘
고향 늙은 염소의 메마른 수염이다

버스를 세 번 갈아타고 와서
시든 파 뿌리 같은 머리에 학사모를 눌러쓴
엄마의 백합 같은 말씀

생애 최고의 여행을 선물해 준 아들아
고맙고 고맙다

환대

 오래된 매화나무에, 갓 부화한 나비의 흰 날개 위에, 바위의 거친 표면에, 바위에 앉은 고양이의 수염에, 고양이를 쓰다듬는 아이의 손등에, 새벽이슬 같은 소녀의 맑은 눈물 위에, 찾아올 봄보다 보낸 봄이 많은 할머니의 주름 사이에, 연못의 고요한 수평 위에, 옆으로 나란히 쭈그리고 앉은 새싹들의 뾰조록한 부리 끝에, 밤하늘에 걸린 조승달의 볼록한 곡선에, 잠에서 깬 새들의 음률 속에, 햇볕에 놀란 신록의 떨림 사이에……

 공평한 봄바람 님 오심에
 모두 비칠비칠 깨어나 첫울음을 토해내기 시작한다

첫사랑

우리는 고개들어 숲 사이로 쏟아지는
빛들의 반짝임을 바라보았습니다

하늘과 초록이 섞여 떨어지는 알갱이들을
커다랗게 벌린 동그란 입으로 채워나갔습니다

오르막을 오를 땐
보폭과 호흡을 나란히 겹쳐보았고
서로 다른 억양의 설익은 말의 조각보를 기워나갔습니다

서툴렀던 걸음들은 그림자를 지웠고
낡은 운동화는 새털구름처럼 날아다녔습니다

빛들이 떨어져 머리 위에 쌓이면
당신은 수정처럼 투명해진다고 말했고
나는 밤처럼 깊어지겠다고 중얼거렸습니다

기억에서 빠져나온 오래된 거리
그의 운동화 끈이 툭, 풀리는 소리에
잃었던 기억들이 새로운 길을 찾아 나섭니다

나는 단단히 매듭을 만들어 묶었고
우리는 풀리지 않을 것 같은 긴 미래를 생각했습니다

오이도행 김밥 열차

휴일 아침 사당역
오이도행 첫 번째 승강장

까만 뿔테 안경의 남자는
삶은 우엉 빛의 긴 나무 의자에 앉아
여자를 기다리고 있었다

백팩에 고릴라 인형을 매단 여자는
김밥 네 줄이 담긴 까만 봉지를 들고 나타났다

서울이 회색 공룡알 같다는 남자,
여자는 삼천포 죽방멸치가 짭쪼롬하다며
유속에 빨려들어가는 멸치떼 마냥 각자의 긴말을 이어갔다

지하철에서 놀이동산 청룡열차로 환승한 그들은
긴 수평선 너머 먼바다로 향하였다
열차는 사라지는 해를 따라가다가 미처 알지 못한 벼랑에서 급하강하였고
그들은 비명을 지르며 마지막 호흡에 김밥을 삼켰다

석양은 단무지와 당근의 단층으로 물들었고
오이도행 김밥 열차 속에는 9월의 코스모스가 주절주절 속삭이고 있었다

나란히

　나와 정은 도도와 같이 산 것이 9년 반인지 10년인지 헷갈려 했다 우리는 도도의 고향이 페르시아인지 터키인지 알 수 없었다 도도의 새끼를 분양해 간 수의학을 공부한 청년에게 정답을 기대해 보았으나 5년째 아무런 답이 없었다 나는 정에게 사람으로 따져보면 도도가 나보다 늙었느냐고 물어보았으나 못 들은 척 답이 없었다 대신 내일이 휴일이면 좋겠다는 말을 하였다 3월의 첫날 밤 나와 정과 도도는 나란히 누워 서로의 호흡을 헤아리고 있었다

가나 혼인잔치의 승소僧笑*

물이 포도주로 변한 기적의 그날 밤
석가의 제자 가전연迦旃延**도 혼인잔치에 초대되었다
그는 요한사도와 국수를 먹으며 스승들의 사랑과 자비를 논하였다

그들이 함께한 국수는 지중해를 거쳐 시칠리아에서 파스타로 부활하였고, 메콩강 줄기를 따라 안남국에서는 쌀국수로 환생하였으며, 만리장성 산해관을 벗하고 토문강을 건넌 후 이곳 극동에서는 잔치국수로 해탈하였다

오늘 밤 잔칫상의 포도주는 끈적한 밑바닥을 드러냈다
하지만 탁발승의 염화미소를 보았다는 사람은 찾을 수 없었다
시기와 질투와 탐욕으로 꼬여버린 뱀들만 꿈틀거릴 뿐이었다

혼인잔치의 기적은 아직도 미완성이다

* 절에서 국수를 말함
** 석가의 제자, 토론을 잘함

수련

나의 근원은 어둠의 뻘과 그를 품은 오수汚水라네
칠흑같은 절망으로 몸뚱이의 구멍은 깊어만 갔지
아미타불의 극락정토는 한낱 꿈이라네

첨벙
전생의 업보를 치르는 개구리 한 마리
나의 근원을 간섭하였다네

천년의 망각으로 잊혀진 기대가 되살아나고
나는 만월의 수평으로 깨어났다네
오수의 중심에서 침착한 청결을 피웠다네

화과동시花果同時

가을볕이 더디게 번지는 오후의 느긋함에
잠자리 한 마리 둥근 수평 위로 내려앉고 있네

산사의 아침

물소리
바람 소리
작아지는 욕심 소리

초록 잎
사이사이
인사하는 고운 햇살

지친 몸
병든 마음
감로수에 씻기우니

이제사
날다람쥐
똘망똘망 눈 맞추네

프리즘

보이지 않는 빛의 굴절

적막을 깨뜨리는 우레
고요한 평원에 차오르는 물
새로운 경계

속을 채운 꽃씨는
태양을 향해 떠오르고
밖으로 갇힌 멧새 소리는
둥근 벽을 쉬지 않고 쪼고 있다

모감주나무

잊혀진 지구의 한 모퉁이
애써 꽃을 피우는 한 그루의
모감주나무를 나는 보았다

해를 오래 바라보아서
꽃잎들은 황금비로 내리고
달을 깊게 바라보아서
씨앗들은 108개의 번뇌가 되었다고 한다

그날 이후
절망이 찾아올 때면
나는 모감주나무로 여름을 살기로 했다

3부
경외의 파편들

마이너리티

시든 꽃, 뱀 한 마리 가을 산을 오르고 있다
관절이 꺾인 가지가 날선 바람에 쫓기듯
기울어진 산을 오른다

그의 근원은 태초의 바위가 뿌리내린
차갑고 음습한 흙덩어리
징그러운 모태신앙이 싹틔운 창조주를 향한 경외이다

조상의 배교로 두 동강 난 머리는
천년 후 가을을 피로 물들이고
신을 항명한 죄로 갈라진 혀는 위선의 도구가 되고 말았지

고독蠱毒으로 고독孤獨을 품고
독이 스민 쓸개는 함께를 망각하여 몸뚱이를 길게만 늘어뜨렸다

밤이슬에 몸을 적시고 오미자 열매를 짓이겨 삼켜도
말라비틀어진 비늘, 마른 독새풀 같은 두 눈

바위에게 조차 가을은 말을 걸었지
… 나는 ……

\>
바위를 칭칭 감아 갈라진 혀로 침묵을 핥았지
돌아온 건 원죄가 각인된 화석의 돌팔매질 뿐
긴 몸을 꿈틀거릴 때마다 소실되어가는 구원

허공을 마주한 오래된 벼랑 끝
시간의 틈에서 흩어진 폭포처럼 떨어지는 절망들

몸을 던진다
허공을 찢으며 튀어오른 경외의 파편들
박명의 서쪽 하늘 끝
잠시 반짝이는 별

아무도 보지 못했다

처서 아침

전투는 치열했다
겨울을 견딘 전사들의 예리한 청룡언월도는
그리스 팔랑크스 군단의 숨겨진 심장도 깊숙이 찔러버렸다

피맛의 절정에 취한 전사들이
세상을 지배하던 어느 밤
멀리 북방에서 왔다는 위풍당당 갑옷의 귀뚜리 병정이
산들바람 한 자락에 놀라 그만 울음을 터트렸다

쓰윽 쓰윽 몇 번의 날갯짓으로 울음을 던진 다음 날 아침
입이 삐뚤어지고 창이 꺾인 전사들의 사체가 즐비했다

갑작스런 주검 앞에서 그들이 갈망했던 검붉은 핏물이 생각났다
빼앗겼던 피보다 진한 커피를 갈아 마셨다
바람 한 자락이 가슴을 파고들었다

살았다

K의 봄

  해가 짧았던 깊은 산골, 가난은 늘 무의식과 함께 있었다
  능력을 쓰지 못한 아버지의 가벼운 입과 더 이상 꺼질 땅도 없었던 어머니의 깊은 한숨만이 대들보에 기대어 집을 지탱하고 있었다

  열성으로 물려받았던 좋은 유전자 덕분에 운좋게 허락된 명문대의 선택
  한 1주일 정도였나, 잡힐 듯한 뜬구름 속에 갇힌 식구들은 희망고문을 돌리고 또 돌렸다

  세상은 늘 국도로 뚫려있었다
  성능 나쁜 네비게이션이라도 장착했다면
  당당히 통행료 없이 빠져나와 멋쩍게 후불처리라도 했더라면
  현실이 달라졌을까

  건설잡부, 입주과외, 청춘의 목표점은 늘 고시였다
  한 번의 점프로 개조할 수 있는 완벽한 인생
  계속된 실패와 좌질

  닥터 그리핀에게 부탁한 약물로 투명인간이 되어 컨닝이라도 할 수 있었다면

꿈이 클수록 낭인의 파이는 커진다
비버처럼 자신을 갉아먹고 또 갉아먹었었다
그는 해체되었다

"아침 창을 열었는데 살구꽃이 참 예쁩디다"
오랜 시련에도 그의 봄이 인사를 한다
"살구꽃이 아니라 벚꽃입니다"
희끗한 머리 위로 소년의 웃음이 터진다

K의 늦은 봄이 피어나고 있다

옥수수를 먹어야 하는 이유

5월의 여왕
수줍게 떠난
담벼락 아래

초록을 입은 노인들
빨간 수염 반짝이며
나란히 줄 서있다

이 여름
노인들의 정연한
하모니카 선율을
삼키기로 한다

알갱이들의 노란 질서로
초록에 지친 영혼을
다시 세우기 위해

조응照應

검은 바위
개구리 한 마리
정면을 응시하고 있다

거친 표면 위
매끈한 살결의 유영
그 사이 까슬한 이끼무리

민들레 터지고
바위 움찔움찔
개구리 낙하를 준비한다

* 芭蕉(바쇼)와 蕪村(부송)의 하이쿠(俳句)를 변용

배롱배롱배롱나무

늦둥이 울음같이
외할머니 웃음같이
이제사 찾아왔네

백일을 기다렸다고
백일이나 그리웠다고
배롱 배애롱 **백일홍**

새벽하늘 샛별같이
해질녘 개밥바라기같이
저제사 떠나갔네

백일은 끝났다고
백일이나 견뎠다고
백일홍 배애롱 배롱

초가을 밤에

포실한 달빛 아래 늙어가는
풀들의 파리함을 바라본다

가려느냐
이제 떠나려느냐

가을바람 한줄기
일어서자 두려운 듯 설핏
시든 날개를 파닥거린다

누구를 위한 바람인가
두 갈래의 가을

플루트

차디찬 너의 갈비뼈
애무와 키스로
숨결을 불어 넣는다

자귀나무에 새순이 돋고
새들이 노래하고
나비들이 떼지어 춤을 춘다

"흙의 먼지로 사람을 빚으시고
그 코에 생명의 숨을 불어넣으시니
사람이 생명체가 되었다"

창세기 2장 7절 말씀

고양이의 눈을 바라보며
— 애묘 도도에게

우주에서 바라보는 지구처럼
너의 두 눈은 신비롭게 젖어있다

나는 너의 완벽한 원형의 둘레에
어젯밤 불면의 일그러진 조각들과
젊은 날의 푸른 눈물과
고향집 까마귀의 짖음과
꽃가루처럼 날리는 걱정거리와
차마 끝내지 못한 슬픈 노래의 마지막 음절을
포개어 포개어 앉힌다

너는 가만히 나를 바라보며
천년 동안 곁을 지켰다고
말못한 고독을 알고 있다고
불안한 심장의 떨림을 세고 있었다며
버들강아지 같은 꼬리를 비비며
이슬 같은 노래를 불러준다

나와 도도의 눈맞춤 사이에는
따사롭고 가난한 노래가 흘러
우리의 선잠은 평화롭기만 하다

연휴의 끝 밤

새벽 2시

여자는 남자의 왼쪽 갈비뼈를 쓰다듬었다
거친 숨을 몰아쉬며 남자가 살아있는지 확인하였다

남자의 갈비뼈는 숨이 채 끓어지지 않은
비린내 가득한 물고기의 아가미처럼
꿈틀거리고 있었다

어두운 작업장 하얀 쇠창살 사이
싱거미싱은 가느다란 호흡으로
찢어진 새벽을 드륵 드르륵 힘겹게 박아내고 있었다

여자는 오늘 밤
지구의 종말이 찾아올지도 모른다는 불안에 싸였지만
자신의 근원이 꿈틀거리는 아가미였다는
야훼의 아포리즘은 인정할 수 없었다

태초의 어둠을 뚫고 선과 악이 싹트는 순간
남자와 여자의 발아래 웅크린 고양이 한 마리가
쪼개어지는 우주의 소리를 바라보고 있었다

새벽은 갈비뼈를 먹고 있었다

시간의 무게는 순백일까

시간의 무게를 견딘 눈이 내린다
눈은 오염되지 않은 순결 덩어리
그러나 그것은 환몽幻夢
순결을 가장한 오염 덩어리

살아온 날들이 하얗게 덮혀진다
시간을 굴리고 뭉쳐보면 순백일까
태초의 어둠일까

바다가 죽으면 소금이 되듯
삶을 견디지 못한 하늘이 눈이 되어 흩어진다
어둠의 중심이 사라지듯
시간은 중심을 찾지 못하고 떨어지고 만다

걸음을 옮길 때마다 치솟는 허구의 서사들
무덤을 뒤덮은 눈을 굴린다
죽기를 갈망하는 너를 일으켜 세우며 중심을 잡는다

태양이 뇌수를 내뿜기 시작한다
모든 중심이 사라지고 있다

스님이 된 그녀

이름이나 호칭 뒤에 '스'와 '님'을 붙이는 것이 유행일 때가 있었다

퇴근을 묶어둔 시간이 느긋하게 흐르던 오후
서녁상을 차려 놓았다는 **마늘스님**의 문자메시지
"그래 고생했어요, 우리 **마늘스님**"

그날 저녁 나는 마늘로 탑을 세운 집으로 돌아와 아내에게 합장하며 인사를 전하였고, 아내는 마늘장아찌로 만든 목탁으로 저녁 공양을 했다

목탁 소리와 화엄의 향기로 원융무애한 밤이었다

수평선

그녀는 바다를 가두는 일이 어렵지 않다고 했습니다

수평선으로 지구를 몇 바퀴 돌려 묶었다가 느슨해질 즈음이면 절망들을 탈출시키겠다는 다짐을 하곤 했죠

우리는 바다로 향했고 바다에 다가갈수록 수평선은 멀어져만 갔습니다
그녀의 무채색 옷들은 색이 바래갔고 바다는 붉게 달아오른 무언의 하늘을 크게 삼켰습니다

나는 식은 커피의 마지막 쓴맛이 절망이라 생각했고 그녀는 수평이 고요한 이유가 모든 것을 가두었기 때문이라며 태양을 통째로 삼키고도 침묵하는 바다만 바라보았습니다

묵은 해를 집으로 보내고 달이 차오릅니다
달의 힘이 바다를 지배하고 바다는 자기 복제를 시작했습니다

오래 같이 산 남자와 여자는 지구 옆 달까지 묶어볼 요량으로 수평선의 길이를 가늠해 보기로 했습니다

크리스마스에 못을 박다

메리 크리스마스

아기 예수의 탄생
크리스마스 화환을 걸기 위해
흰 벽에 구멍을 뚫습니다

성난 군중의 외침
전동드릴은 2024번 회전을 하고
멈춥니다

오래된 먼지들 마른 피의 분말들이
겨울 볕과 함께 구원을 찾아 헤매다
내려앉습니다

말라비틀어진 6월의 지렁이 마냥
꿈틀대는 외눈박이 실핏줄들이
되살아납니다

나는 로마 병정이 되어
타오르는 분노에 감사하며
또 다른 못을 힘주어 박습니다

\>

성탄을 축하합니다

하얀 손에 뚫린 붉은 구멍 속으로
기도와 구원의 기쁜 소식이
빨려 들어가고 있습니다

4부
낮달은 흔들리고

이방인

경계를 이탈한 비탈
기울어진 사과나무 한그루
허공에 기대어 서있다

마음을 곧추세웠던 시간들
남몰래 피워낸 수수다발의 꽃무리
마른 잎맥에서 틔워낸 움츠렸던 숨통
가끔 찾아온 길잃은 새의 주름졌던 반투명의 눈동자

그 모두를 기억한다

바람도
여름으로 채웠던 태양도
새들과 빈 공간의 시선도
모두 기울어진 채 삐딱하고 아슬하다

그녀가 받쳐둔 철근 지지대에 심장이 뚫린 채
허공에 채워진 박동수는 비탈을 움직이는 중이다

"오늘 엄마가 죽었다. 아니 어쩌면 어제였는지도 모르겠다"*
사과나무는 중얼거리기 시작했다

* 알베르 카뮈 소설 「이방인」의 첫 구절

사월死月의 밤

옛 산성이 보이는 노포
두 남자가 순댓국을 야무지게 먹고 있다
한 남자의 신앙보다 오래된 성당
붉은 첨탑에 벚꽃잎이 쌓여가는 4월 어느 밤

산성 꼭대기에서 휘날리는 효수梟首의 의지를 보라
잡음과 잡내를 감당했던 잘린 귀와 코
평화를 갈망하다 토막난 애간장과 굳은 선혈
오장육부를 바치고도 죽음의 순간까지 잃지 않았던 살찐 미소

뼈마디가 녹아내린 마지막 육수로
두 남자의 잔인한 허기가 채워진 순간
선혈이 낭자한 밤하늘엔 성당 종소리에 놀란 춘설春雪이
후두둑 떨어진다

死月의 밤
레퀴엠으로 변주되는 멱따는 소리를 감상하며
두 남자는 함포고복하고 있다

노시인의 살생 사건

그는 위대했다
무한의 시간과 공간을 꿰뚫어 보는 견자見者
Voyant 랭보의 환생
경인구驚人句를 넘어선
파리마저 감동케 하는 경충구驚蟲句

화려한 출간 기념회를 끝낸 늦은 밤
노시인의 서재를 몰래 방문한 파리 한 마리
자신을 형상화한 까만 활자들을 피해
시집의 흰 여백에 내려앉는다

두 손을 비비며 사랑을 고백한다
순간 파리채라는 경충구驚蟲具의 공격
파르르 날개 짓으로 으깨지며
시집에 물컹한 얼룩을 남긴다

사랑한다는 것은 죄다

새벽이 오는 순간

서늘한 숨결이 밀물처럼 밀려오네
박명의 그림자가 어둠을 짚고 일어서고 있네
꿈꾸는 심장에 날카로운 이슬의 칼날을 들이대지
죽은 가지가 살아나듯 어둠은 갈라지고
서서히 희푸른 금들이 되살아나네

저 멀리 잊혀진 별들의 온기는 잊어야 할 시간
밤의 고요는 검은 순결을 잃어가고 있어
동쪽이 밝아와서 새벽이라면 나는 어둠에 새로운 벽璧을 세울거야

세상이 둘로 쪼개어지는 순간
나는 사자에게 잡혀 다리를 잃은
세렝게티의 늙은 얼룩말처럼 쓰러질 수밖에

빛이 어둠에 부딪히는 순간
늙은 심장에 돋은 소름들은 딱딱해져만 가고
소리에 놀라 짙어진 얼룩들은 진피층을 찾아 헤매네

새벽이 오는 순간
밤새 이슬에 갇혀 떠나지 못한 낮달
그늘이 없는 밤을 밝히고 있네

늙은 거리에서 낮달은 흔들리고

혀가 짧은 여자가 늙은 거리를 걸어가네
짧은 가을의 리듬을 뱉으며
가로수에 매달린 낮달을 닮아가지

한여름 밤 소나기 같았던 그녀의 머릿결
흩날린 모래바람에 물기를 잃어버렸네
오래된 몸은 사막에 버려진 선인장 같아
가시없는 마른 이슬로 굴러다니네

낙엽은 떨어지고
별들이 죽어가고
낮달은 흔들리고

혀가 짧은 여자는 늙은 거리를 걸었네
긴 겨울의 리듬을 삼키며
얼어붙은 별들을 복제했지

유성우의 무덤에서 죽은 별들이 깨어나네
낮달의 언 살이 터지고 시린 바람이 차오르네

짧은 혀끝에 새로운 별들이 돋아나네
무화과無花果 나무에 꽃이 피기를 기다리던
오래된 낮달이 천천히 일어서고 있네

호접몽

초가을 밤 비가 내려
시든 더위 잠재우네
먼 산 갈꽃 잠재우네

초가을 밤 비가 내려
바람 젖어 잠못드네
강물 울어 잠못드네

나비 한 마리
빗 속에서 꿈꾸나
꿈 속에서 잠드나

바라본다는 것

보이지 않는 선을 잇는 일
아슴푸레한 마음을 오보록이 모으는 일

마음의 울림을 헤아리는 일
헤아린 생각을 함부로 말하지 않는 일

손을 맞잡지 않고도 온기를 느끼는 일
서로의 온기를 가슴에 아로새기는 일

헤어져 있어도 멀어지지 않는 일
다른 길을 걸어도 같은 생각을 하는 일

남해를 보다

보리암 삼층 석탑 아래
구름이 놓이고
바다로 향한 산줄기가 다소곳하다

산과 바다는
말과 마음이 닮아
바람이 하나의 숨결이다

운무를 불러와 바람에 얹히고
산새를 불러다 구름을 잠재운다
보리암 삼층 석탑 위

나와 석탑은
업業과 눈물이 닮아
기도가 하나의 바람이다

무량사

만수산 생각의 능선 아래
누워있는 천년고찰

잠 못든 수행의 독백들은 헤아릴 수 없어라
여래를 소원하다 잊혀진 별들은 헤아릴 수 없어라
범종 소리에 살아난 분별심들은 헤아릴 수 없어라
고찰에 드리운 불안의 그림자들은 헤아릴 수 없어라
바람에 떠난 벚꽃의 설움들은 헤아릴 수 없어라

헤아릴 수 없음을
헤아린 생각들이 구름되어 흐르네

천년동안, 천 년 동 안……

구절초

아홉 번
꺾어졌어도
가을만은
내 세상

추마곡秋磨谷

천 번의 가을 보내고
만 번의 이별 겪었지만
변치 않는 이 마음
천년 사찰 추녀 끝
저 구름이야 알겠지요

11월

메마른 철창이
겨울로 걸어갑니다

늙은 장미는
11월을 닮은 철창에 기대어
경계를 잃어갑니다

나는 흰옷을 입고
마른 장미 한송이와 그의 마지막 편지를
가슴에 얹은 채 겨울을 맞이할 것입니다

아직 쉼표가 찍혀있는 11월의 볕은
철창 사이를 기웃거리고 있습니다

수취인 불명으로 편지가 되돌아올 즈음
1미리의 눈물조차 베풀 수 없는
늙은 장미는 곁을 떠나고 없을 겁니다

휘어진 철창에 기댄 장미가 11월을 지나가고 있습니다

한 남자의 숲

　남자는 회색 숲을 사랑했습니다 차가운 기둥들이 촘촘히 박혀 있었고 연기를 내뿜는 네 발 달린 철갑들이 직선의 숲을 쉬지 않고 내달렸습니다 가끔 익룡을 닮은 비행체들은 구름을 가로지르며 날아다녔지요 계절과 밤낮의 구분을 알지 못하는 불멸의 꽃들로 숲은 화려해져 갔습니다 남자는 그 숲이 자랑스러웠습니다

　40주야간 비가 쏟아졌다
　회색 숲은 큰물에 잠겼고 남자는 깊게 잠들었다

　신의 부름으로 남자는 인간의 손발이 미치지 않은 태초의 숲을 찾아갔습니다 히말라야 수행자들의 묵언 독백이 나무의 숨결을 채웠고 목이 긴 짐승의 발바닥은 갓난아기의 볼처럼 탱탱하고 부드러웠습니다 길을 잃고 불안해하는 심장이나 눈동자의 혼돈은 찾을 수 없었지요 하늘에는 지배를 모르는 새들의 절대자유가 어지럽게 날아다녔고 별과 반딧불의 다툼만이 반짝였습니다 남자는 그 숲이 불편했습니다

　먹구름이 세상을 뒤덮고 하늘은 천둥소리에 갇혀 눈물을 쏟아내었다
　남자는 눈을 뜨지 못했다

감기약

바다가 온다
고요하고 찐득한 푸른 냄새를 풍기며 그가 다가오고 있다

나는 썰물이 지나간 거친 해변으로 빠르게 걸어간다
그를 맞이하는 내 발목에 산호가 자라나고
그의 발은 파래처럼 검푸르다

그와 나의 오래된 질서가 심한 감기에 걸렸다
봄을 도둑맞은 고양이의 푸른 눈에 일어나는 격랑처럼
갈라진 재채기에 불안의 파편들이 심해로 쏟아진다

그가 왔다
파도에 몸을 맡기고 서핑을 즐기듯
휘몰아치는 바다를 끌어안은 갈매기처럼

그는 끝내 부화하지 못한 바닷새의 알과 수족관처럼 푸른 물약을 가슴에 품고 있었다
쇄빙선이 전진하듯 빙하를 깨부수며 겨울 바다를 헤엄쳐 온 그의 낯선 점퍼는 북극을 껴안은 곰익 털가죽처럼 바싹 얼어붙어 있었다

흰 알약과 푸른 물약의 기온이 전해져 온다

무거운 잿빛 외투가 스스로 옷을 벗는다
　우리는 고요한 은파에 젖은 귀를 말리며 깊게 잠들기로 했다

낙화

가진 것은
짧은 언어

그마저도
살기 위해
잊은지 오래

절대고독

종달새
  垂
  直
  落
  下

가난한 시인은
봄말을
내뱉기 시작했다

해설

가난의 감각으로 여는 봄날의 언어
― 성재봉의 시

오홍진 문학평론가

가난의 감각으로 여는 봄날의 언어
— 성재봉의 시

오홍진 문학평론가

시집의 첫 시로 실린 「한 토막의 바람을 갈고 쪼고 닦다」에는 시인으로서 성재봉이 추구하는 시작詩作이 명확하게 드러나고 있다. 바람을 낚아챈 푸른 매가 토막 낸 바람결을 갈고 쪼고 닦으며 하늘 높이 솟아오른다. "갈고 쪼고 닦으며"라는 시구에 드러나는 대로, 시인은 절차탁마切磋琢磨를 시 쓰기의 근원으로 제시한다. 절차탁마는 옥이나 돌 따위를 갈고 닦아 빛을 낸다는 뜻으로, 부지런히 학문이나 덕행을 닦는 걸 말한다. 좋은 시는 시어 하나하나를 절차탁마한 결과로 탄생한다. 시인은 아무 단어나 시어로 시를 쓰지 않는다는 말이다. 바람결을 갈고 쪼고 닦은 바로 그 힘으로 푸른 매는 "새파랗게 얼어붙은/ 창공의 밑바닥을/ 뚫어내는 순간"과 마주한다. 새파랗게 언 창공의 밑바닥을 뚫으려면 갈고 쪼고 닦은 힘을 한꺼번에 쏟아내야 한다. 조금이라도 자신을 믿지 못하면 그 힘은 쉬이 스러져 버린다. 시인은 푸른 매가 순간적으로 내보이는 이 힘으로 "깨어지지 않던 나의 절망"을 완벽히 깨뜨린다. 절망의 뿌리가 깊을수록 그것을 깨뜨리는 힘 또한 강력해야 하는 법이다.

「섬, 멍들다」에서 시인은 마음 깊이 새겨진 절망의 뿌리를 정맥주사를 잘못 맞은 탓에 생긴 시퍼런 멍으로 표현하고 있다. 그에게 "시퍼렇다는 것은 아프다는 것"을 의미한다. 시퍼런 멍 자국을 보며 시인은 어린 시절 형과의 추억을 떠올린다. 형은 동생을, 동생은 형을 무척 좋아했다. 하지만 형에게 "좋아한다는 건 잘못된 것을 고쳐주는 것"과 다르지 않았다. 형은 잘못된 것을 고친다는 명분으로 동생을 때렸다. "저항도 꿈틀거림도 가라앉은 섬의 심연"에서 동생은 소리 없이 울었고, 때리는 형은 벅찬 소리를 내지르며 울었다. 시인은 아주 먼 옛날(?)에 벌어진 이 사건을 "작은 섬"에 새겨놓고 하얀 배꽃이 피는 날이면 어김없이 떠올리고 있다. 진저리나게 아픈 이 사건에는 형과 동생만 있을 뿐 부모가 등장하지 않는다. 부모가 없는 시절이란 지독한 가난과 통한다. 가난이 아프고 아픈 작은 섬을 만들었고, 그 속에서 아이는 시퍼렇게 멍든 섬 하나를 마음 깊이 새겼다.

> 기울어진 가세는 삶의 터전을
> 읍내에서 낙동강 칠백 리
> 제일 끝자락으로 내몰았다

빨간색 완행버스를 두 번 갈아타고
삼십 리 비포장길을 달려야 했던
중학교 시절

낡은 차부(車部)에서의 야윈 닭발 튀김은
단돈 오십 원으로 허기를 달랠 수 있는
마른버짐 가득한 아이의 탐미였다

마지막 발톱을 삼킬 즈음
늙은 소 같은 중고 오토바이를 타고 온
아버지와 마주쳤다

집으로 돌아오는 길
오토바이만 짖어댈 뿐
부자는 아무런 말이 없었다

닭발은 못이 되어 아버지의 가슴에 박혔고
가난한 들판의 사랑은 노을로 붉게 그을리고 있었다
— 「닭발」 전문

  위 시에서 성재봉은 가난을 빨간색 완행버스를 두 번 갈아타고 삼십 리 비포장길을 달려야 했던 중학교 시절의 삶으로 표현하고 있다. 가난은 관념이 아니다. 정말로 가난을 경험한 이는 마음 깊은 곳에 가난의 감각을 품고 있다. 시인은 "낡은 차부車部에서의 야윈 닭발 튀김"을 운명처럼 떠올린다. 가난한 아이는 먹고 싶은 음식을 제대로 먹지 못한다. 먹는다고 해도 단돈 오십 원짜리인 '야윈' 닭발을 먹는 게 전부다. 배불리 먹는 것도 아니고 그저 허기를 달랠 수 있을 뿐이다. "마른버짐 가득한 아이의 탐미였다"라는 시인의 고백을 우리는 어떻게 받아들여야 할까? 먹는 게 부실한 아이의 얼굴에는 마른버짐이 가득 피었다. 그 얼굴로 아이는 허기를 조금이나마 달랠 수 있는 야윈 닭발을 물어뜯었을 것이다. 시인에게 가난이란 이와 같은 것이다. 야윈 닭발이 탐미(耽味/耽美)의 대상이 되는 데서 성재봉 시로 가는 단서가 피어난다. 그는 가난의 감각을 맛보고, 그 감각을 통해 아름다움으로 가는 시의 길을 연다.

  시인이 말하는 가난의 탐미는 동시에 그 상황을 슬프게 바라보는 아버지/어머니의 눈과 이어져 있다. 야윈 닭발 튀김을 다 먹을 즈음 아이는 아버지와 마주쳤다. 아버지는 "늙은 소 같은 중고 오토바이를 타고" 있었다. 야윈 닭발 튀김을 '탐미'하는 아이의 마음을 아버지가 모를 리 없다. 아이가 겪는 가난을 아버지 또한 겪고 있을 테니까. 오토바이를 타고 집에 돌아오는 길에 아버지도 아이도 아무 말을 하지 않았다. 오늘 아버지는 식구들이 하루 먹을 양식을 벌었을까? 아무런 말이 없는 아버지를 어린 아들은 이해한다. 마른버짐이 퍼진 아들의 얼굴을 애써 외면하며 아버지는 오토바이가 가는 길목만 바라보았을 것이다. 말을 잃은 아버지와 아들의 귀에 오토바이가 울부짖는 소리가 들려온다. 오토바이를 타고 집에 가면 배불리 밥을 먹을 수 있을까? 아버지가 겪은 가난(의 감각)을 아들이 고스란히 물려받았다. 가난을 온몸에 새긴 아버지에게 아들 몸에 새겨진 가난은 끔찍한 고통과 같다.

"작은 섬"(「섬. 멍들다」)에 갇힌 자식들을 향한 아련한 마음은 「엄마의 눈물」에도 그대로 표현된다. 눈에 들어간 티끌이 아기를 괴롭히면 엄마는 보드라운 혀로 씻어 주었고, 복숭아를 서리한 소년이 주인에게 꾸지람을 듣고 집에 돌아오면 엄마는 포근히 안아 주었으며, 거친 세상의 풍파에 상처 입은 청년을 보고 엄마는 별것 아니니 힘내라고 웃어주었다. 엄마의 이 힘으로 아기의 눈은 맑고 깨끗해졌고, 소년의 마음은 선해졌으며, 청년의 심장과 머리는 튼튼하고 강해졌다. 엄마의 이 힘은 과연 어디서 나온 것일까? 마흔이 훌쩍 지나서야 시인은 이 속에 숨겨진 '엄마의 눈물'을 알게 된다. 아버지가 아무 말 없이 아들을 오토바이에 태우고 집에 갔듯, 엄마 또한 아무 말 없이 씻어 주고, 안아 주고, 웃어주었다. 성재봉의 시는 작은 섬에서 펼쳐지는 고통과 온몸으로 이를 끌어안는 아버지/엄마의 눈물 사이에서 피어난다.

> 노을이 유난히 붉게 떨어지던 그날
> 마을 어귀에 사과 난전이 펼쳐졌다
>
> 몸뻬 차림의 순영이 엄마
> 새끼 소를 높은 값에 팔고 돌아오는 종관이 아버지
> 면사무소에서 먹물 더미를 한 바가지 싣고 온 마을 이장님
> 모두 노을빛 사과를 한 아름 안고 집으로 향했다
> 집집마다 빨간 향의 아삭한 말들로 새콤달콤한 과즙이

톡톡 터져 나왔다

   이장댁 밭일을 마치고 바쁜 걸음으로 도착한 그녀
   꼬깃한 지폐를 만지작거리며 사과가 맛없어 보인다고 잔가시 가득한 손으로 시큼한 된장국을 차려내었다

   누군가 깎아놓은 사과껍질 마냥 길고 길었던 그 밤을 잊지 못한다
   새콤달콤 터진 과즙이 그녀의 눈물과 섞여 비로 쏟아졌다

   다음 날
   비에 젖은 꽃잎이 아침 햇살을 품은 채 견디고 있는 것을 보고 말았다
   —「사과」전문

   가난은 관념이 아니라 감각으로 표출된다고 했다. 가난을 경험하지 않은 사람은 늘 가난을 상상한다. 관념으로 가난을 그리고 관념으로 가난을 극복할 단서를 찾는다. 가난을 감각으로 기억하는 사람은 다르다. 가난의 감각은 몸에 새겨져 있어, 관념으로는 도무지 그 가난을 표현할 수 없다. 위 시에서 시인은 "노을이 유난히 붉게 떨어지는 그날"의 감각으로 가난을 불러낸다. "집집마다 빨간 향의 아삭한 말들로 새콤달콤한 과즙이 톡톡 터져 나왔"지만, 이장댁 밭일을 마치고 집에 이른 여인은 꼬깃한 지폐를 만지작거리다가 사과가 맛없어 보인다며 빈손으로 집에 돌아왔다. 잔가시 가득한 손으로 시큼한 된장국을 아

이들 앞에 차려놓은 여인의 이 마음을 시인은 노을빛 사과와 새콤달콤한 과즙의 감각으로 기억하고 있다. 새콤달콤한 과즙 대신 시큼한 된장국을 먹는 아이를 시인은 온몸을 떨며 떠올린다. 애써 그 상황을 외면하는 어미의 심정이야 달리 말해 무엇 할까.

시인은 노을 진 그날을 "누군가 깎아놓은 사과껍질 마냥 길고 길었던 그 밤"으로 기억한다. 잊고 싶어도 잊을 수 없는 빨간 사과의 감각은 이미 마음 깊이 새겨져 있다. 사과를 볼 때마다 시인은 이날의 감각을 떠올릴 테고, 그에 맞추어 몸 또한 반응할 테다. 하필이면 이날 비가 내렸나 보다. 시인은 새콤달콤 터진 과즙과 여인의 눈물, 그리고 쏟아진 비의 감각으로 이날을 떠올리고 있다. 과즙-눈물-비로 이어지는 이미지의 흐름은 "다음 날/ 비에 젖은 꽃잎이 아침 햇살을 품은 채 견디고 있는" 장면으로 이어진다. 아침 햇살이 내리쬐면 비에 젖은 꽃잎은 이내 마를 것이다. 시인은 이를 통해 흐르는 시간 속에서 펼쳐지는 희망을 표현한 것일까? 아니다. 시인은 다만 주어진 상황을 견디는 서민들의 아픔을 아침 햇살의 이미지로 드러내고 있다. 시인은 비에 젖은 꽃잎과 더불어 아침 햇살을 기억할 것이고, 그럴 때마다 어미의 눈물과 섞인 새콤달콤한 과즙을 떠올릴 터이다. 그것이 바로 성재봉이 그리는 가난의 감각이다.

「그늘을 눕다」를 따르면, 시인에게 가난은 사물을 뒤덮은 그늘과 유사하다. 그늘은 살아오면서 쌓인 시간의 흔적을 가리킨다. 우리는 살면서 그늘에 그늘을 얹는다. 시간이라는 그늘에서 살다가 시간이라는 그늘 속에서 죽는다. 시인이 "할아버지의 할아버지가 섣달 그믐밤에 몰래 심었다는 버드나무 한 그루"에 주목하는 까닭은 여기에 있다. 버드나무 아래로 수만 겹의 그늘들이 켜켜이 쌓여 가고 있다. 버드나무만 그럴까? 적막한 곳에서 죽은 듯이 숨 쉬는 늙은 잉어도 그렇고, 할머니가 몰래 사랑했던 도둑고양이도 그렇다.

　지금 이곳을 거쳐 간 수많은 생명의 그늘들이 모여 우리 눈 앞에 펼쳐진 이 세계가 만들어졌다. 시인은 손등에 쌓여가는 "오래된 그늘과 근자의 그늘"을 말하고 있다. 오래된 그늘 위로 근래 만들어진 그늘이 쌓이고 있다. 생명이 살아온 내력이 모이면 그늘은 더욱 깊어지고, 더욱 무거워진다. 그늘의 깊이와 무게는 그 생명이 살아온 깊이와 무게를 나타낸다. 시인의 말마따나 우리는 "내가 어제 믿었고 내일 의지해야 할 무거운 깊이"에 갇혀 사는지도 모른다. 성재봉의 시를 가로지르는 가난의 감각에는 무엇보다 이러한 생명의 깊이와 무게가 들붙어 있다. 깊고도 무거운 그늘을 품고 그 그늘을 어떻게든 펼치며 사는 게 우리네 삶이라는 걸 시인은 시를 통해 분명히 내보이는 것이다.

　　시간의 무게를 견딘 눈이 내린다
　　눈은 오염되지 않은 순결 덩어리
　　그러나 그것은 환몽幻夢
　　순결을 가장한 오염 덩어리

　　살아온 날들이 하얗게 덮혀진다

시간을 굴리고 뭉쳐보면 순백일까
태초의 어둠일까

바다가 죽으면 소금이 되듯
삶을 견디지 못한 하늘이 눈이 되어 흩어진다
어둠의 중심이 사라지듯
시간은 중심을 찾지 못하고 떨어지고 만다

걸음을 옮길 때마다 치솟는 허구의 서사들
무덤을 뒤덮은 눈을 굴린다
죽기를 갈망하는 너를 일으켜 세우며 중심을 잡는다

태양이 뇌수를 내뿜기 시작한다
모든 중심이 사라지고 있다
―「시간의 무게는 순백일까」 전문

  한 생을 가로지르는 깊이와 무게를 끌어안으려면 생에 드리워진 시간의 무게를 끊임없이 견뎌야 한다. 아무나 이 삶을 견딜 수 있는 건 아니다. 위 시에서 시인은 시간의 무게를 견디며 내리는 눈에 주목한다. "눈은 오염되지 않은 순결 덩어리"면서 동시에 "순결을 가장한 오염 덩어리"이다. 완전하게 순결한 사물도 없고, 완전하게 오염된 사물도 없다. 정확히 말하면 모든 생명은 순결하면서 오염된 삶을 산다. 시인은 묻는다. "시간을 굴리고 뭉쳐보면 순백일까/ 태초의 어둠일까"라고. 지금 이 순간에도 시간은 흐른다. 시간을 사는 모든 사물은 바로 그 이유로 해서 순백에서 어둠으로, 어둠에서 순백으로 가는 길을 하염없이 걷는다. 시인은 "삶을 견디지 못한 하늘이 눈이 되어 흩어진다"라고 단호하게 말한다. 하늘도 견디지 못하는 삶이란 도대체 어떤 삶일까? 그리고 그토록 힘든 삶을 받아내는 대지는 또한 어떤 삶을 사는 것일까? 다른 건 몰라도, 삶의 무게가 무겁고 삶의 깊이가 깊을수록 더욱더 많은 눈이 내리는 것은 분명해 보인다.

당연한 말이지만, 삶은 늘 죽음과 연결되어 있다. 삶이 있으면 반드시 죽음이 있다. 삶과 죽음은 둘이면서 하나라고 말해도 좋겠다. 그렇다면, 생명의 중심은 삶에 있는 것일까, 죽음에 있는 것일까? 삶이라고 해도 무방하고, 죽음이라고 해도 무방하다. 어느 때는 삶이 생명의 중심으로 작용하지만, 어느 때는 죽음이 생명의 중심으로 작용하기도 한다. 눈이 내리면 지상에는 순백의 세상이 펼쳐지고, 해가 뜨면 저마다의 사물이 저마다의 자태를 뽐낸다. 시간이 흘러 어둠이 밀려오면 사물은 어둠에 묻혀 가만히 숨을 쉰다. 밝은 세상에서는 빛이 세상의 중심이 되지만, 어두운 세상에서는 어둠이 세상의 중심이 된다. 시인은 "모든 중심이 사라지고 있다"라는 시구로 이 상황을 표현한다. 눈에 덮인 세상은 눈이 세상의 중심을 이루고, 햇살이 내리쬐는 세상은 태양이 세상의 중심을 이룬다. 시간은 어느 하나의 중심에 매이지 않는다. 시간이 흐른다는 건 수많은 중심이 다채롭게 펼쳐진다는 걸 의미한다.

누구나 자신을 세상의 중심으로 여기며 허구의 서사들을 상상한다. 자신을 중심에 세우면 다른 사물은 모두 주

변이 된다. 누군들 악당이 되고 싶을까? 무자비한 악당이 있어야 영웅의 서사가 빛을 내는 법이다. 태초의 어둠이 자리해야 비로소 순백의 빛이 더욱더 밝아진다. 시인은 「마이너리티」에서 절벽에서 몸을 던져 새로운 별로 탄생하는 생명의 서사를 이야기하고 있다. 목숨을 걸지 않으면 시든 꽃은 푸른 꽃이 될 수 없고, 한 마리 뱀은 밤하늘의 별로 거듭날 수 없다. 사람들은 늘 시든 꽃은 어떻고, 뱀은 어떻다며 사회통념을 불어넣는다. 마이너리티, 곧 소수자로 명명되는 사물들을 배제함으로써 사람들은 다수자가 지배하는 세계를 공고히 한다. 가난한 이를 대하는 일 또한 다르지 않다. 가난한 이의 맞은편에 부자가 있다. 부자가 지배하는 세계에서 가난한 이는 태어날 때부터 마이너리티가 될 수밖에 없다. 기울어진 운동장에서 희망을 얘기하는 건 얼마나 무모한 일인가. 중심을 허무는 서사가 자기 목숨을 거는 일과 다르지 않은 까닭은 여기서 찾을 수 있을 것이다.

결국 문제는 지금 상황이 아니라 그 상황을 어떻게 바라보느냐에 있다. 모든 일은 마음이 만들어낸다는 일체유심조一切唯心造의 뜻을 가만히 음미해 보라. 어떤 마음을 내느냐에 따라 우리 앞에 드러나는 세상은 달라진다. 탐욕에 물든 눈으로 보면 탐욕에 물든 세상이 드러나고, 무심無心의 눈으로 보면 차별 없는 세상이 온전히 드러난다. 시인은 「바라본다는 것」에서 이런 무심의 시선에 어린 맥락을 시화하고 있다. 바라보는 것은 우선 "보이지 않는 선을 잇는 일"이다. 보이지 않는 선은 때 묻지 않은 마음으로 들여다봐야 드러난다. 때 묻지 않은 마음은 "마음의 울림을 헤아리는 일"로 이어지고, "손을 맞잡지 않고도 온기를 느끼는 일"로도 이어진다. "헤어져 있어도 멀어지지 않는 일" 또한 이 마음과 이어져 있다. 성재봉의 시안詩眼은 보이지 않는 사물의 심연을 올곧게 들여다보려는 이 마음에서 비롯된다. 모든 생명은 하나로 이어져 있다는 말은 정확히 이 지점을 가리킨다고 하겠다.

꽃은 지면서 젖은 향을 내리고

아지랑이는 피면서 마른 향을 올리고

그 사이 홀로 균형을 찾으려는

취한 나비의 아질아질한 몸부림
—「율동의 시초」전문

오래된 매화나무에, 갓 부화한 나비의 흰 날개 위에, 바위의 거친 표면에, 바위에 앉은 고양이의 수염에, 고양이를 쓰다듬는 아이의 손등에, 새벽이슬 같은 소녀의 맑은 눈물 위에, 찾아올 봄보다 보낸 봄이 많은 할머니의 주름 사이에, 연못의 고요한 수평 위에, 옆으로 나란히 쭈그리고 앉은 새싹들의 뾰조록한 부리 끝에, 밤하늘에 걸린 초승달의 볼록한 곡선에, 잠에서 깬 새들의 음률 속에, 햇볕에 놀란 신록의 떨림 사이에……
—「환대」부분

지친 몸
병든 마음
감로수에 씻기우니

이제사
날다람쥐
똘망똘망 눈 맞추네
―「산사의 아침」부분

운무를 불러와 바람에 얹히고
산새를 불러다 구름을 잠재운다
보리암 삼층 석탑 위

나와 석탑은
업業과 눈물이 닮아
기도가 하나의 바람이다
―「남해를 보다」부분

　성재봉 시에 나타나는 무심의 시학은 마음 깊이 자리 잡은 가난의 고통을 스스로 절제할 때 비로소 피어난다. 분별하지 않는 마음으로 사물을 들여다보는 게 바로 무심이다. 그것은 사물에 헛된 의미를 부여하려고 하지 않는다. 그저 사물을 그 자체로 들여다볼 뿐이다. 위에 인용한「율동의 시초」를 먼저 보자. 젖은 향을 내뿜으며 떨어지는 꽃이 있고, 마른 향을 올리는 아지랑이가 있다. 그 향에 취한 나비는 유유하게 허공을 날고 있다. 꽃과 아지랑이와 나비가 어울려 저마다의 율동을 내보이고 있다. 꽃은 꽃대로, 아지랑이는 아지랑이대로, 나비는 나비대로 주어진 상황에 맞추어 생명의 리듬을 표출한다. 한 생명의 리듬은 다른 생명의 리듬을 타고 펼쳐진다. 모든 생명은 살아 있는 한 리듬을 타며 끊임없이 움직인다. "아질아질한 몸부림"은 오로지 살아 있는 생명만이 표현할 수 있다.

「환대」에는 모든 생명을 공평하게 대하는 봄바람의 자연이 뚜렷이 드러난다. 환대는 아무런 대가 없이 베푸는 마음을 기리킨다. 생명의 바람인 봄바람이 사물을 차별하면 어떤 일이 벌어질까? 사물은 제대로 그 생명력을 피우지 못할 것이다. 스스로 그러하다는 뜻을 지닌 자연自然에 걸맞게 봄바람은 때가 되면 불어와 자연 속 사물들을 거듭 살린다. 시인은 오래된 매화나무에서 봄바람을 느끼고, 갓 부화한 흰 날개 위에서도 봄바람을 느낀다. 할머니의 주름을 간질이던 봄바람은 이내 고요한 연못의 수면을 간질이다가 밤하늘에 걸린 초승달의 볼록한 곡선에 가 닿는다. 봄바람이 머무는 자리마다 새로운 숨결이 피어난다. 서로를 환대하는 자연 사물과 만남으로써 가난의 고통에 울부짖던 시인은 "새로운 경계"(「프리즘」)를 경험한다. 자기를 내려놓지 못하면 새로운 경계로 나아갈 수 없다. 마음이 새로운 세계를 만드는 힘이라는 사실은 여기서 다시금 증명된다.

탐욕이 들끓는 마음으로 세상을 보면 탐욕이 지배하는 세상이 만들어진다고 했다. 환대의 반대편에 탐욕이 있다. 그렇다는 건, 사물을 그 자체로 보는 무심無心이나 시심詩心의 밑자리에는 환대가 서려 있다는 걸 의미한다. 정확히 말하면 사물을 환대하는 마음 없이 무심과 시심을 논하기는 힘들다. 「산사의 아침」에 표현된바 그대로, 지친 몸과 병든 마음을 감로수에 씻어야 우리는 비로소 날다람쥐의 똘망똘망한 눈과 마주칠 수 있다. 날다람쥐가 내보이는 심연과 마주하려면 시인 스스로 날다람쥐가 되는 시적 과정이 필요하다. 거듭 말하지만, 사물이 되지 않고는 사물의 심연으로 뛰어들 수 없다. 목숨을 걸고 절벽에서 뛰어내리는 일이란 무엇보다 자기를 내려놓고 사물이 되는 과정과 밀접하게 연동되어 있다. 시작詩作은 자기를 드러내는 일이 아니다. 사물의 심연을 보기 위해 자기를 내려놓는 데서 시 쓰기는 이루어진다.

「남해를 보다」에도 사물과 하나가 되어 사물을 보는 시인의 마음결이 어김없이 나타난다. 시인은 "산과 바다는/ 말과 마음이 닮아/ 바람이 하나의 숨결이다"(같은 시)라고 분명히 밝히고 있다. 말과 마음이 닮은 산과 바다는 둘이면서 하나다. 바람의 숨결을 마시며 하루하루를 보내는 산과 바다는 운무를 불러와 바람에 얹히고 산새를 불러서는 구름을 잠재운다. 산은 바다의 마음과 이어져 있고, 바다는 산의 마음과 이어져 있다. 한마음으로 이어져 있으므로 산과 바다는 떼려야 뗄 수 없는 관계를 형성한다. 산과 바다만 그런 관계를 맺는 게 아니다. 시인과 보리암 삼층 석탑 또한 업業과 눈물이 닮았다는 점에서 한마음으로 이어져 있다. 업이 닮았다는 점에서 시인과 석탑은 한자리에서 묵묵히 제 삶을 견뎌왔다. "기도가 하나의 바람이다"라는 결구에 드러난 대로, 시인과 석탑은 올곧은 자세로 간절하게 기도를 올렸다. 성재봉은 지금 산과 바다와 석탑의 마음으로 시를 쓰고 있다. 산-바다-석탑이 되지 않고 어떻게 그 마음을 표현할 수 있을까?

> 물이 포도주로 변한 기적의 그날 밤
> 석가의 제자 가전연迦旃延도 혼인잔치에 초대되었다
> 그는 요한사도와 국수를 먹으며 스승들의 사랑과 자비를 논하였다
>
> 그들이 함께한 국수는 지중해를 거쳐 시칠리아에서 파스타로 부활하였고, 메콩강 줄기를 따라 안남국에서는 쌀국수로 환생하였으며, 만리장성 산해관을 벌하고 토문강을 건넌 후 이곳 극동에서는 잔치국수로 해탈하였다
>
> 오늘 밤 잔칫상의 포도주는 끈적한 밑바닥을 드러냈다
> 하지만 탁발승의 염화미소를 보았다는 사람은 찾을 수 없었다
> 시기와 질투와 탐욕으로 꼬여버린 뱀들만 꿈틀거릴 뿐이었다
>
> 혼인잔치의 기적은 아직도 미완성이다
> ―「가나 혼인잔치의 승소僧笑」 전문

위 시에서 성재봉은 스승들의 사랑과 자비를 논하는 가전연과 요한 사도를 시 세계로 불러내고 있다. 물이 포도주로 변하는 기적이 일어난 그 날에 그들은 만나 국수를 먹으며 스승들이 전한 아름다운 이야기를 담론한다. 그들

이 함께 먹은 국수는 이후 파스타로, 쌀국수로, 잔치국수로 해탈하였지만, 정작 국수를 먹으며 끊임없이 담론을 나누었을 가전연과 요한 사도의 후손들은 사랑과 자비의 언저리에도 닿지 못하였다. 부처와 예수가 실천한 사랑과 자비는 타자를 온전하게 환대하는 마음에서 비롯된다. 자기를 중심에 세우면 사랑과 자비를 베풀 수가 없다는 말이다. 예수는 마음이 가난한 자, 곧 자기 욕망을 내려놓은 자만이 사랑을 실천할 수 있다고 했고, 부처는 무주상無主相 보시, 곧 보시하는 마음조차도 내려놓아야 비로소 자비를 실천하는 것이라고 했다.

 스승들이 온몸으로 실천한 사랑과 자비를 잔치에 참석한 사람들은 과연 이루었을까? 시인은 잔칫상의 포도주가 끈적한 밑바닥을 드러냈지만, 탁발승의 염화미소를 보았다는 사람은 찾을 수 없었다고 이야기한다. 염화미소는 말 없는 깨달음을 가리킨다. 부처가 꽃을 들어 올리자 오직 마하가섭만이 그 뜻을 헤아리고 웃음을 지었다. '승려의 미소'인 국수를 먹으면서도 사람들은 염화미소에 이르지 못했다. 오로지 "시기와 질투와 탐욕으로 꼬여버린 뱀들만 꿈틀거릴 뿐이었다". 염화미소는 지식으로 이를 수 있는 깨달음이 아니다. 부처와 마하가섭은 마음으로 통했다. 무언가에 매인 마음이 아니라 그 무엇에도 매이지 않은 마음으로 그들은 서로 미소를 지었다. 성재봉은 시를 통해 이 마음에 이르려 하지만, 질투와 탐욕에 물든 뱀들이 지금 이곳에 퍼져 있다는 사실을 놓치지 않고 있다. 그가 발 딛고 있는 곳과 그가 추구하는 시 세계는 완연히 다르다.

이를테면 「한 남자의 숲」에는 남자가 사랑하는 "회색 숲"이 나온다. 익룡을 닮은 비행체들이 날아다니고, 계절과 밤낮을 가리지 않는 "불멸의 꽃"로 넘쳐나는 이 화려한 숲을 남자는 자랑스러워했다. 어느 순간, 40주야 간 비가 쏟아져 회색 숲은 큰물에 잠겼고 남자는 깊이 잠들었다. 그 속에서 신의 부름을 받은 남자는 인간의 손발이 미치지 않는 태초의 숲을 찾았다. 히말라야 수행자들의 묵언 독백이 나무의 숨결을 채우고, 지배를 모르는 새들이 어 시립게 날아다녔지만, 남자는 그 숲이 참으로 불편했다. 시인은 "남자는 눈을 뜨지 못했다"라는 시구로 이 시를 맺고 있다. 남자가 제대로 눈을 뜨고 있으면 회색 숲은 자랑스러운 세계가 되지만, 남자가 잠에 빠져 눈을 뜨지 못할 때 회색 숲은 먹구름이 세상을 뒤덮는 어둠의 세계로 돌변한다. 중요한 것은 눈을 뜨고 똑바로 회색 숲을 들여다보는 것이다. 그래야 회색 숲에 서식하는 "불멸의 꽃들"이 제대로 보인다.

가진 것은
짧은 언어

그마저도
살기 위해
잊은지 오래

절대고독

종달새
垂
直
落
下

가난한 시인은
봄말을
내뱉기 시작했다
―「낙화」 전문

 사물이 내보이는 모든 의미를 담아낼 수 없다는 데서 인간 언어는 분명한 한계를 지니고 있다. 인간 언어에 뿌리를 둔 시어라고 다르지 않다. 사물은 늘 언어 바깥으로 달아나 시인을 견딜 수 없는 공포로 몰아넣는다. 공포가 없이 어떻게 사물을 올곧게 대할 수 있으며, 공포가 없이 어떻게 사물의 깊은 자리로 뛰어들 수 있을까? 위 시에서 시인은 떨어진 꽃을 수직으로 낙하하는 종달새에 비유하고 있다. "가진 것은/ 짧은 언어"라는 시구에 드러나듯, 떨어지는 꽃이나 낙하하는 종달새나 단말마의 짧은 언어로 자기 생을 표현한다. 여기에 인간의 의미가 묻을 리 없다. 인간의 언어는 애초부터 짧은 언어와는 다른 길을 걸어왔다. 인간은 사물에 의미를 붙여 한사코 지배하려고 한다. 언어로 사물을 지배하는 게 가능했다면 시어詩語가 따로 생기지 않았을 것이다. 사물을 지배할 수 없다고 깨달은 인간들이 시를 쓰기 시작했고, 그 속에서 시어가 탄생했다.

  짧은 언어를 남기고 땅으로 떨어지는 꽃을 보며 시인은 "절대고독"을 떠올린다. 때가 되면 꽃이 피고 때가 되면 꽃이 진다. 꽃이 피고 지는 일은 자연 현상일 뿐이다. 종달새가 하늘을 나는 일 또한 자연이다. 자연을 벗어나지 않는 삶을 사는 생명은 긴/ 많은 언어가 필요 없다. 자연 앞에 문명을 맞세운 인간만이 길고도 많은 언어를 개발해 자연을 지배하려고 한다. 인간이 자연을 지배하려는 이유는 딴 게 아니다. 화려하고 풍족한 삶을 위해서다. 자연이 파괴되든 말든 인간은 이 목적을 위해 하루도 쉬지 않는다. 인간의 언어가 왜 사물을 의미에 가두려고 하겠는가. 시를 쓰는 일은 이리 보면 사물을 인간의 언어/ 의미로부터 해방하는 데서 비롯되는지도 모른다. 의미에서 해방된 사물은 종달새처럼 하늘 높이 날며 "절대고독"을 즐긴다. 시인이라고 다르지 않다. 언어로부터 해방된 시인만이 언어, 정확히 말하면 시어로 시를 쓸 수 있다.

  성재봉은 "가난한 시인"을 말하고 있다. 가난한 시인은 꽃잎이 떨어지며 내는 소리를 듣는 존재이고, 종달새가 수직으로 낙하하며 내뱉는 함성을 듣는 존재이다. 어떻게 그런 소리를 듣느냐고 물을 필요가 있을까? 사물을 향한 지배 욕망을 내려놓는 순간 시인은 꽃잎이 되고, 종달새가 된다. 꽃잎과 종달새가 되어 그들이 내뱉는 짧은 언어로 시를 쓰는 상황을 시인은 "가난한 시인은/ 봄말을/ 내뱉기 시작했다"라는 시구로 표현한다. 봄은 용수철처럼 튀어 오르는 탄력(「탄력의 한 가운데에서」)으로 온갖 사물을 환호케 한다. 봄말 또한 이와 다르지 않다. 그것은 뜨거운 생명을 품고 있다. 떨어지는 꽃이라고 다르지 않고, 수직으로 낙하하는 종달새라고 다르지 않다.

  헤아릴 수 없는 것들을 헤아리는(「무량사」) 게 시작詩作이라면, 성재봉은 가난한 시인의 봄말로 보이지 않는 사물의 "절대고독"에 다가가려고 한다. 그의 시를 관류하는 가난의 감각은 여기서 한 가난한 시인의 마음 깊이 새겨진 회색 숲을 표현하는 언어로 거듭난다. 물리적 가난을 뛰어넘은 자리에서 가난한 시인의 마음, 곧 시심이 뻗어 나온다. 가난한 시인은 늘 타자의 마음으로 사물을 보려고 한다. 가난의 고통에 갇혀 사물을 지배하려는 욕망에 쉬이 빠지지 않는다. 성재봉의 시가 가난한 삶의 기억에 의존하는 건 분명하지만, 그는 늘 가난 너머에서 빛나는 따뜻한 마음결로 그 기억을 갈무리하려고 한다. 그의 시에 나타나는 가난이 고통을 넘어 새로운 경계를 낳는 시적 힘으로 작용하는 까닭은 여기에 있다. 새로운 경계에 선 자만이 새로운 언어로 새로운 세계를 창출할 수 있다. 성재봉은 지금 그리로 가는 길을 찬찬히 탐색하고 있다.

성 재 봉

성재봉 시인은 경남 창녕에서 출생하였다. 2022년 공직문학상을 수상하였으며 2024년 『애지』로 등단하였다. 현재 애지문학회 및 풀꽃시문학회 동인으로 활동하고 있다.

이메일   leveret1027@naver.com

성재봉 시집
닭발

발　　행	2025년 8월 11일
지은이	성재봉
펴낸이	반송림
편집디자인	반송림
펴낸곳	도서출판 지혜, 계간시전문지 애지
기획위원	반경환
주　　소	34624 대전광역시 동구 태전로 57, 2층 도서출판 지혜
전　　화	042-625-1140
팩　　스	042-627-1140
전자우편	eji@ji-hye.com
	ejisarang@hanmail.net
애지카페	cafe.daum.net/ejiliterature

ISBN　979-11-5728-582-2　(03810)
값　　12,000원

이 책의 판권은 지은이와 도서출판 지혜에 있습니다.
양측의 서면 동의 없는 무단전재 및 복제를 금합니다.

공주문화관광재단

* 본 도서는 (재)공주문화관광재단(대표이사:김지광) 사업비로 제작되었으며,
「2025 공주 신진 문학인」 선정 작품집입니다.